CHANSONS NOUVELLES SUR LA CONVALESCENCE DU ROY, ET SUR SES CONQUESTES.

A PARIS,
Chez BORDELET, rue Saint Jacques, vis-à-vis le College des Jesuites.

Avec Permission.

CHANSON NOUVELLE.

MUSETTE sur l'air : Suivons les loix, &c.

Joignons nos voix
Au ſon de nos douces Muſettes :
Joignons nos voix,
Chantons le plus chéri des Rois.

Que nos hautbois
Imitent l'éclat des trompettes.
Joignons nos voix
Au ſon de nos douces Muſettes.
Joignons nos voix,
Chantons le plus brave des Rois.

LOUIS à la gloire,
Conduit par la Victoire,
Enrichit l'Hiſtoire
De ſes vertus, de ſes exploits.
Joignons nos voix

Au ſon des guerrieres trompettes.
Joignons nos voix,
Chantons le plus brave des Rois.

Touché de nos larmes,
Le Ciel dans nos allarmes,
Touché de nos larmes,
Le rend aux François.
Joignons nos voix
Au ſon de nos douces Muſettes,
Joignons nos voix,
Chantons le plus chéri des Rois.

CHANSON D'UN GRENADIER,

Sur l'air, Tiens gardes ma pipe, &c.

En faiſant fricaſſe!
Nous diſions morbleu,
Bien-tôt dans l'Alſace
Nous verrons beau jeu.
Vient un Camarade
Qui me dit : Sans-Peur,
Louis eſt malade ;
Jarni! Quel malheur!

A cette nouvelle
Sans-Chagrin gémit ;
Bras-de-Fer chancelle ;
Sans-Quartier frémit.
Mon eſprit ſe brouille,
Mon ſang s'eſt glacé.
Vin, fromage, andouille,
J'ai là tout laiſſé.

Ce ſeroit dommage
Aî-je dit cent fois,
De perdre à ſon âge
Un auſſi grand Roi.

Il vole à la gloire,
Nargue les hazards,
Partout la Victoire,
Suit ses Etendarts.

Comme cent tempêtes
Un jour ventrebleu,
Grondoit sur nos têtes
Une bombe en feu;
Il voit ce Tonnerre,
Il crie aux Soldats,
Amis ventre à terre,
Lui seul ne craint pas.

Il vient dans la Flandre,
Menin à génoux;
Dit qu'il veut se rendre
Ypres est à nous.
Courtray la Bicoque,
Se voit rançonner:
Pour Louis la Knoque
N'est qu'un déjeuner.

Ah! ventres de bierre,
Enfin nous voila;
Vous vouliez la guerre,

Il vous en cuira.
Je veux qu'on me gruge
Comme un cervelas,
S'il reste dans Bruge
Un seul chapon gras.

Mais que vois-je ? ô, rage !
Déjà l'Ennemi,
Sur l'autre rivage !
Où donc est LOUIS ?
Par mon brule-gueule,
Et mon havresac,
Sa présence seule
Nous vaut du Cognac.

Comme un Henri Quatre ;
Nous l'aurions tous vû,
Avec nous combattre
S'il étoit venu :
Pandoures, Talpaches ;
Ce fer eût déja,
Coupé cent moustaches
Avallé cent bras.

Mon Prince en rappelle ;

Le Ciel nous le rend :
Qu'il tonne & qu'il grêle
Mon cœur eſt content.
Dans notre cantine
Je dirai, ma foi :
Ma chere chopine,
Vive notre Roi.

CHANSON,

Un Berger apprenant la maladie du Roi, exprime ainsi les ſentimens de ſa douleur.

Sur l'air, Dirai-je mon Confiteor.

LEs jours en nuits ſe changent tous,
Et les chagrins naiſſent ſans nombre :
Un beau Soleil brilloit ſur nous,
Les maux l'éclipſent dans leur ombre.
Vive, vive pour les François
Le plus chéri de tous les Rois.

Monts eſcarpés, Coteaux féconds,
Daignés partager ma triſteſſe :
Dans des gémiſſemens profonds
Dites & répetés ſans ceſſe :
Vive, vive pour les François
Le plus chéri de tous les Rois.

Fuyés ruiſſeaux, quittés ces lieux,
Faites ceſſer votre murmure,
Et repoſez vous ſur nos yeux,
Du ſoin d'arroſer la nature.
Vive, vive pour les François
Le plus chéri de tous les Rois.

Les fleurs ont perdu tous les feux,
Qui couvroient leur pourpre éclatante;
Les pleurs qui coulent de nos yeux
Effacent leur couleur brillante.
Vive, vive pour les François
Le plus chéri de tous les Rois.

A l'habitant épouvanté,
De ce solitaire bocage;
Cet accident fut présenté
Par plus d'un sinistre présage.
Vive, vive pour les François
Le plus chéri de tous les Rois.

Je vis les fleurons précieux,
Des lys que mon loisir cultive;
Par un soufle contagieux,
Privés de leur blancheur naive.
Vive, vive pour les François
Le plus chéri de tous les Rois.

Invincible dans son couroux,
Il a fait gronder son Tonnerre,
Et fait retentir de ses coups
Tous les Royaumes de la terre.
Vive, vive pour les François
Le plus brave de tous les Rois.

La valeur a conduit ses pas
Dans tous les sentiers de la gloire ;
La clémence arrête son bras,
Aussi-tôt après la Victoire.
Vive, vive pour les François
Le plus juste de tous les Rois.

La sagesse inspire les Loix,
Que sa puissance nous impose ;
Chacun sans craindre pour ses droits
Sur sa prudence se repose.
Vive, vive pour les François
Le plus sage de tous les Rois.

France c'est pour tes interêts
Qu'il laissa, qu'il prend son Tonnerre ;
C'est pour toi qu'il aima la paix,
C'est pour toi qu'il aime la guerre.
Vive, vive pour les François
Le plus tendre de tous les Rois.

LOUIS fait craindre pour ses jours ;
La France aussi-tôt en allarmes,
Par le plus tendre des retours
Cherche son salut dans ses larmes.
Vive, vive pour les François
Le plus aimé de tous les Rois.

Sous les auſpices de LOUIS,
Un Héros que la valeur guide,
Franchit aux yeux des Ennemis,
Des Alpes le ſommet aride.
Vive, vive pour les François
Le mieux ſervi de tous les Rois.

On admire tout à la fois,
Chez ſes Sujets ſa bienveillance,
Chez ſes Alliés ſes exploits,
Chez ſes Ennemis ſa clémence.
Vive, vive pour les François
Le modele de tous les Rois.

CHANSON

Le même, après avoir appris la Convalescence du Roi, s'abandonne aux transports de sa joye.

Sur l'air, Dirai-je mon Confiteor.

LE Ciel est sensible à nos vœux,
Et sa clémence nous redonne
Un Monarque plus précieux
Que les trésors de sa Couronne.
Vive, vive pour les François
Le plus chéri de tous les Rois.

Tourterelle, de ta douleur,
Dissimule au moins les allarmes,
Ne rappelle plus à mon cœur
Le triste sujet de ses larmes.
Vive, vive pour les François
Le plus chéri de tous les Rois.

Petits oiseaux dans vos concerts
Chantez des François la tendresse,
Faites retentir dans les airs
Leur bonheur & mon allegresse.
Vive, vive pour les François
Le plus chéri de tous les Rois.

Errez, volez, tendres zéphirs;
Sur nos côteaux & dans nos plaines,
Je n'irai plus par mes soûpirs
Troubler vos timides haleines.
Vive, vive pour les François
Le plus chéri de tous les Rois.

Ruisseaux, aux pieds de ces côteaux;
Errez sans crainte & sans allarmes,
Je ne mêle plus à vos eaux
Le triste tribut de mes larmes.
Vive, vive pour les François
Le plus chéri de tous les Rois.

La serpe en coupant les Ormeaux;
Par des blessures les fait croître:
Le Roi délivré de ses maux,
Plus redoutable va paroître.
Vive, vive pour les François
Le plus chéri de tous les Rois.

Les Belges vaincus par ses traits;
Quoiqu'ennemis, sçavent lui plaire.
Dès qu'ils deviennent ses Sujets,
Il devient aussi-tôt leur Pere.
Vive, vive pour les François

Le plus chéri de tous les Rois.

Louis au milieu des hazards,
Sur les aîles de la Victoire,
Paroît & force les Remparts
D'un Peuple jaloux de sa gloire.
Vive, vive pour les François
Le plus chéri de tous les Rois.

Il a pour but de ses projets
Le repos de l'Europe entiere,
Et l'on ne verra qu'à la Paix
Céder sa vaillance guerriere.
Vive, vive pour les François
Le plus chéri de tous les Rois.

CHANSON NOUVELLE
Sur la Convaleſcence de notre bon Roi.

Et allons ma Tourlouririette,
Et allons ma Tourlouriras.

REprenons notre muſette,
Cher Colin, plus de ſouci;
Car j'ai lû dans la Gazette,
Le Roi va mieux, Dieu merci.
Et allons ma Tourlouririette,
Et allons ma Tourlourira.

Cette épouvantable fiévre,
Qui nous a fait tant crier,
A détallé comme un Liévre,
Que pourſuit un Lévrier.
Et allons, &c.

Chaque jour il ſe rempleume,
Et bientôt je le voirons,
Auſſi fort que de coutheume,
Revenir dans nos Cantons.
Et allons, &c.

La mort devant qui tout tremble,
Car mourir c'eſt grand malheur,
N'a tiré ſur lui ce ſemble,
Que pour voir s'il auroit peur.
Et allons, &c.

Mais lui donnant audience,
Il ne s'épouvantit brin;
Ils avions fait connoiſſance
Devant les murs de Menin.
Et allons &c.

Car étant à la tranchée,
Il en approchit ſi près,
Qu'on euſt dit qu'il l'euſt cherchée,
Et qu'il le faiſoit exprès.
Et allons, &c.

Au milieu du tintamare,
Que faiſoit par tout le feu,
On avoit biau crier, gare,
Ce n'étoit pour lui qu'un jeu.
Et allons, &c.

Très-ſouvent, celle qui fauche

Tout le pauvre genre humain,
En frappant à droite à gauche,
Le trouvit dans son chemin.
Et allons, &c.

C'est qu'il ne vouloit pas croire
Un vieux proverbe qui dit:
Ayons un peu moins de gloire,
Mais un peu plus de proufit.
Et allons, &c.

Pour dire ce que j'en pense,
Il ne faisoit pas trop bien,
Etant si cher à la France,
Notre sort tenant au sien.
Et allons, &c.

Passe qu'un homme ordinaire
S'en aille narguer la mort;
Mais un Roi si nécessaire,
Faisant de même, a grand tort.
Et allons, &c.

Il ne se fut pas sans doute
Sur le Rhin moins exposé,

S'il n'avoit point ſur ſa route
Eté tant indiſpoſé.
Et allons, &c.

Mais enfin l'en voilà quitte,
Ce Roi tout des plus charmans;
S'il vit autant qu'il mérite,
Il vivra ma foi longtems.
Et allons, &c.

Vive auſſi la bonne Reine
Et Monſeigneur le Dauphin;
Que la bonté ſouveraine
Les garde de tout chagrin.
Et allons ma tourlouririrette,
Et allons ma tourlourira.

CHANSON,

Sur la Convaleſcence du Roy, ſur l'air des Fanatiques.

VIve notre bon Roi Louis,
C'eut été grand dommage,
Que la Camarde nous l'eut pris
Au plus beau de ſon âge ;
Mais il eſt par trop prudent,
Pour ſe laiſſer ſurprendre,
Au Grand Dieu qui nous le rend,
Graces il nous faut rendre.

Généreux François il eſt tems
De bannir nos allarmes,
Que les Ris, les Jeux innocens,
Viennent ſécher nos larmes ;
Vive, vive ce grand Roi,
Pour qui tout s'intéreſſe ;
S'il nous a rempli d'éffroi,
Il nous rend l'allegreſſe.

A la France il convient ſur-tout,
De chérir ſon Monarque,

A tout pour lui l'on se résout,
Du François c'est la marque,
S'il n'est point de Nation,
A son Roi plus fidelle,
Aussi n'est-il point, dit-on;
Un Roi plus digne d'elle.

Nous l'avons vû ce Roi Guerrier,
Dans les champs de Bellone,
Cueillir pour son premier laurier
Une triple Couronne.
Ypres, Furnes, & Menin.
Du même coup s'écroulent,
Et déja les eaux du Rhin
Vers leur source réfoulent.

C'étoit fait de tous vos Soldats,
Légions Germaniques;
Ils alloient tous la tête en bas,
Boire à pleines barriques,
Lorsque Louis abbatu,
Au milieu de sa course,
Par ce coup inattendu
Vous laisse une ressource.

Il avint pour vous à propos,

Qu'il resta sur la Place,
Vous n'eussiez pas tourné le dos;
Sans nous montrer la face;
Mais passe pour cette fois,
LOUIS vous le pardonne,
Vous avez fendu du bois,
Pour nous chauffer l'automne.

Or prions le Doux Redempteur;
Qu'en paix il vous conduise,
Et vous preserve de lenteur;
De peur d'une surprise,
Ma foi ce n'est pas un jeu;
Brandebourg marche à Vienne;
Et vous le verrez dans peu
Vous annoncer l'Antienne.

CHANSON,

Sur un air Nouveau.

MOn cœur me l'avoit dit que le tems du plaisir,
Viendroit bien-tôt des pleurs chasser le souvenir.
La Prophétie,
Graces aux Cieux,
Selon nos vœux,
Est accomplie.
Sans plus tarder, amis, faisons voir maintenant,
Que nous n'ignorons pas le grand évenement.
La Prophétie, &c.

Par un présent des Dieux, LOUIS nous est rendu,
LOUIS notre bon Roi que nous croyons perdu.
Chacun s'empresse
D'ouvrir son cœur,
A la douceur
De l'allégresse.
Or puisqu'à notre tour nous étions tous marris,
A notre tour aussi soyons donc réjouis.
Chacun s'empresse, &c.

Que l'interêt en gronde, il faut nous en donner
Durant six mois, après dussions nous en jeûner.
Tout nous invite,
Aux doux transports,
Et sans efforts,
Tout nous excite.
Loin de nous les regrets, nous ne craignons plus rien,
Etant certains qu'à Metz le Roi se porte bien.
Tout nous invite, &c.

Quel malheur ç'eut été, si ce Prince si bon,
A la fleur de ses ans nous avoit fait faux bond!
Pour notre France,
Quel creve-cœur!
Je meurs d'horreur
Lorsque j'y pense.
Dieu merci nous voilà loin de ce coup affreux,
Dont la peur seule a pû nous rendre malheureux.
Pour notre France, &c.

Messieurs les Autrichiens, & Messieurs les Anglois,
En auroient consolé Messieurs les Hollandois :
Peu de paroles,
En pareil cas,
Ne risquoient pas
D'être frivoles.
Car ils ne pensoient point à crevér de douleur,
Si le Ciel eut permis la mort de leur vainqueur.
Peu de Paroles, &c.

Ils ont parû tous fiers tandis que dans Paris
Nous étions inquiets pour notre bon Louis,
Malgré nos larmes,
Ils nous narguoient,
Et nous forgeoient
D'autres allarmes.
Aussi depuis qu'ici la joye est de retour,
Ces beaux Messieurs, dit-on, sont tristes à leur tour.
Malgré nos larmes, &c.

Déja fort sagement le Général Lorain,
A plié son bagage & repassé le Rhin,
Il s'en va vite,
Disant tout bas,

D'un vilain pas
Me voila quitte.
Qu'il se souvienne bien sans l'oublier jamais,
Que par malheur le Roi tomba malade à Metz.
Il s'en va vite, &c.

Mais n'allés pas grand Roi, poursuivre ces Fuyards,
Et braver de nouveau tous les périls de Mars.
C'est la patrie,
Craignant pour vous,
Tremblant pour nous,
Qui vous en prie.
Voudriés-vous si-tôt réveiller nos frayeurs
Et nourrir sans pitié l'allarme dans nos cœurs ?
C'est la patrie, &c.

Rendés-vous à nos vœux, content de vos Lauriers,
Faites faire la guerre à de moindres Guerriers.
Droit à la gloire,
Ils marcheront,
Et gagneront,
Mainte Victoire.

Ils vous ont assés vû pour qu'ils sçachent
comment,
En suivant votre éxemple ils vaincront
sûrement.
Droit à la gloire, &c.

Ici tout vous désire, ici tout d'une voix
On dit vive Louis, le plus aimé des Rois,
De son absence,
Nous languissons,
Nous ne voulons
Que sa présence.
Qu'il vienne nous revoir ce Prince glorieux,
Dès qu'il reparoîtra nous serons tous heureux.
De son absence, &c.

CHANSON NOUVELLE,

Sur l'air, De la Fanfare de Choisi.

DE's que le Roi fut guéri
L'Ennemi fut ahuri,
Son nez d'un pied s'allongit,
Sa mine se refrognit,
Dès que le Roi fut guéri,
L'Ennemi fut ahuri.

Dès que le Roi fut guéri,
L'Ennemi se déroutit,
Le Talpache s'épeutit,
Le Croate s'ébahit,
Le Pandouré se cachit;
Mais plus d'un on en croquit.

Dès que le Roi fut guéri,
En France plus de souci:
Autrichiens tremblerent tous,
De succomber sous ses coups,
Dès que le Roi fut guéri,
A ces Messieurs le souci.

Champenois de votre vin,

Ils ne boiront ma foi brin,
Ils boiront de l'eau du Rhin,
Disant tous d'un ton chagrin,
Le Roi LOUIS est guéri,
Nous serions frottés ici.

Dès que le Roi fut guéri,
Bombance fut dans Paris,
Tout Ouvrier se soulit,
Et de bierre se gonflit,
Dès que le Roi fut guéri,
Bombance fut dans Paris.

Que de Danses on dansit,
Que de Chansons on chantit;
On crioit, vive LOUIS,
La terreur des Ennemis,
Vive son Auguste Fils,
L'appui de nos fleurs de Lys.

Bien-tôt jusques dans Coni,
Le Grand Prince de Conti,
Fera dire aux Ennemis,
Par son Tonnere soumis,
François, nous sommes amis,
Vive notre Roi LOUIS.

CHANSON,

Sur l'air : Vivent les Gueux.

COmpagnons de ma tristesse,
Plus de frayeurs
Ni de douleurs.
Que la plus vive allegresse
Dans tous les cœurs
Succéde aux pleurs;
Nos desirs sont accomplis,
Vive LOUIS.

Malgré la fiévre & sa rage,
Nous recouvrons,
Nous reverrons,
Des Monarques le plus sage,
Et lui dirons
Quand nous l'aurons;
Nos desirs sont accomplis,
Vive LOUIS.

Touchés de nos justes larmes,
Et de nos vœux
Respectueux,
Dieu dissipant nos allarmes,

Nous rend heureux
Et toux joyeux ;
Nos desirs sont accomplis ;
Vive LOUIS.

Ne songeons qu'à reconnoître
Le grand bienfait,
Qu'il nous a fait,
En nous conservant pour Maître ;
D'un Roi parfait
Le vrai portrait ;
Nos desirs sont accomplis,
Vive LOUIS.

Quand dans la douleur amére
Nous nous plongions,
Nous soupirions ;
C'étoit moins un Roi qu'un Pere
Que nous pleurions,
Que nous voulions ;
Nos desirs sont accomplis,
Vive LOUIS.

Bientôt tout brillant de gloire
Il reviendra,
Nous charmera;
Devant son char la Victoire

Voltigera,
S'aupplaudira;
Nos desirs sont accomplis,
Vive LOUIS.

Mais en attendant qu'il vienne,
Dans ces beaux lieux
Délicieux,
Prions Dieu qu'il le maintienne,
Se portant mieux
Et glorieux;
Nos desirs sont accomplis,
Vive LOUIS.

Déja le Hongrois en fuite,
Bien loin du Rhin
Prend un chemin,
Qu'il comptoit revoir moins vîte;
Mais son dessein
Etoit trop vain;
Nos desirs sont accomplis,
Vive LOUIS.

Peuples, qui sur la frontiere
Craignez les coups,
Rassurez-vous;

LOUIS vous tire d'affaire,
Ainſi que nous,
Dites-lui tous :
Nos deſirs ſont accomplis,
Vive LOUIS.

Ah ! ſi la fiévre funeſte
Ne l'eût tenu
Nous aurions vû
De Pandoures un bon reſte,
Mais étendu,
Mais pourfendu,
Ou criant comme à Paris,
Vive LOUIS.

LES CORDONNIERS,

Sur l'air, Battez tambours bruyants.

PLUSIEURS CORDONNIERS.

ILlustres Chevaliers
De la Cordonnerie,
Illustres Chevaliers,
Dût-on marcher nuds pieds,
Laissez là les souliers;
Il faut faire frairie,
Vuider jusqu'à la lie,
Comme des Templiers,
Les tonneaux tous entiers.

Non je ne me tiens pas,
Par ma foi quand j'y pense;
Non je ne me tiens pas:
Après avoir, hélas,
Eté près du trépas,
Notre bon Roi de France,
Est en Convalescence:
Buvons, faisons fracas,
Mettons tout par les plats.

Quand son mal on m'apprit,

Je faiſois une botte ;
Quand ſon mal on m'apprit ;
Mon ligneul ſe roidit.
Mon tranchet ſe rompit ,
Et je vis ma linotte ,
Muette comme marmote :
Mon ſcabel en fremit ,
J'en fus tout interdit.

Je crûs les Allemands
Déja dans ma Boutique :
Je crûs les Allemands
A mes chauſſes pendans,
Quand j'appris de nos gens,
Son accident tragique :
Je quittai ma manique ,
Et tous mes inſtrumens ,
Prêt d'aller battre aux champs.

Mais puiſqu'il vit mon Roi ,
La Victoire eſt entiere.
Mais puiſqu'il vit mon Roi.
La Victoire eſt à moi.
Je m'en irois tout droit
Juſques dans la Baviere ,
Selon notre maniere
Les larder ſur ma foi
Sans crainte & ſans effroi.

Ah ſi je vous tenois,
Miſérables Tolpaches;
Ah ſi je vous tenois,
Comme je taillerois;
Comme je trancherois;
Miſérables Gavaches;
De vos cuirs coriaces
Des ſouliers j'en ferois
A nos Soldats François.

Ah le charmant deſtin,
Cordonniers, mes Confreres!
Ah le charmant deſtin!
Vîte le verre en main,
Verſons, verſons du vin,
Jamais on ne dût faire
Si magnifique chére,
Le jour de Saint Martin,
Le jour de Saint Creſpin.

Trinquons, trinquons, amis,
Et bûvons à la ronde.
Trinquons, trinquons, amis,
A notre Roi LOUIS.
Je vois nos Ennemis
Fuïr ſur la terre & l'onde
Sa valeur ſans ſeconde.

Trinquons, Trinquons, amis,
A notre Roi LOUIS.

O le plus grand des Rois,
Si l'on vouloit m'en croire,
O le plus grand des Rois,
Les Cordonniers François
Iroient tous à la fois,
Pour partager la gloire
D'une belle Victoire,
Au ſignal des hautbois
Seconder tes exploits.

CHANSON

Sur le Passage des Alpes.

Sur l'air, Des Ennuyeux.

ANnibal pour passer les Monts :
Employa d'étranges recettes,
Il fit distiller les glaçons,
Mit les cailloux en vinaigrettes:
Il fit rotir au feu d'Enfer
Des Rochers plus durs que du fer.

Conti le Héros de ce temps,
Pour forcer le même passage,
N'employa qu'un merveilleux sens,
Et qu'un invincible courage:
Cela n'est-il pas aussi bon
Que du vinaigre, & du charbon?

CHANSON sur l'air du Carillon de Vendosme.

GRand Conti,
Si chéri,
Tu fais revivre aujourd'hui
Vendi, vendi,
Vendosme, Vendosme.

CANTIQUE,

En Action de graces de la guérison du Roi.

Sur l'air: Bénissez le Seigneur suprême, &c.

CHarmant climat, heureuse France,
Béni le Monarque des Rois:
Ton bonheur, aux derniers abois,
Passe ton espérance.

Rends-lui le légitime hommage,
D'un cœur humble & reconnoissant:
Tu dois à son bras Tout-Puissant,
Ton Roi, sa vive Image.

LOUIS de son moment suprême,
Touchoit presque au terme fatal:
Plus que lui tu sentois son mal
En ce péril extrême.

Tu réclames dans tes allarmes
Le soutien des foibles mortels:
Tu pleures aux pieds des Autels;
Sa main seche tes larmes.

A la plus mortelle tristesse,
Tu vois par un prompt changement,
Succéder au même moment
La plus vive allégresse.

La mort abandonne sa proye;
LOUIS échappe à cet écueil:
Dépoüille tes habits de deuil,
Fais éclater ta joye.

Est-il faveur qu'on n'en espere,
Après cette marque d'amour?
Après qu'il te rend en ce jour
Un Roi? Que dis-je? Un pere.

VOEUX DE LA FRANCE.

Il n'est qu'un objet qui me touche,
Tout m'est étranger désormais:
Pour d'autres que LOUIS jamais,
Je n'ouvrirai la bouche.

Ciel, qui regle nos déstinées,
Prolonge le cours de ses ans:
Dusses-tu le faire aux dépens
De nos propres années.

Prodigue-lui de ta ſageſſe
Le thréſor rare & précieux :
Sur lui, pour épuiſer nos vœux,
Epuiſe ta largeſſe.

Que dans la guerre, la Victoire
Vole toujours à ſon côté :
S'il combat, c'eſt pour l'équité,
Et non pas pour la gloire.

Enfin, ſous tes heureux auſpices,
Qu'il ſoit long-temps l'appui des lys,
La terreur de ſes ennemis,
Du François les délices.

APPROBATION.

Lû & approuvé ce trois Septembre, 1743. *Signé*, CREBILLON.

Vû l'Approbation, permis d'imprimer. A Paris ce trois Septembre, 1744.

Signé, MARVILLE.

www.ingramcontent.com/pod-product-compliance
Ingram Content Group UK Ltd.
Pitfield, Milton Keynes, MK11 3LW, UK
UKHW032010260826
14628UKWH00005B/2393

9 782014 438093